FIN
DU DRAME

DE 1853,

PAR

L'AUTEUR DE L'EUROPE EN 1855.

PARIS,
IMPRIMERIE DE POMMERET ET MOREAU,
17, QUAI DES AUGUSTINS.
—
1856.

FIN DU DRAME DE 1853.

On est tout étonné de voir combien d'événements se sont suc-
cédé dans l'espace de huit ans en Europe. — En France une république, un coup d'Etat, un empire. — En Russie un défi à toutes
les puissances qui ont voulu s'opposer à ses projets sur la Turquie,
un changement de scène dans les rapports politiques des différents
Etats, à cause de la guerre d'Orient. — Vingt-deux mois de combats
et de négociations. — La Turquie entrant dans la famille des puissances européennes, jouissant désormais des avantages du droit
public de tous les pays civilisés et chrétiens, auxquels elle ne refuse
plus de tendre la main, parce qu'ils sont chrétiens. — Le jeune
empereur Alexandre, déchirant les codiciles des testaments politiques d'Ivan, de Pierre, de Catherine, de Nicolas, pour se montrer
sage en faisant changer d'objet à son ambition, qu'il semble vouloir
diriger vers le développement moral et matériel de ses vastes provinces. — L'empereur des Français, qui avait trouvé les puissances
européennes peu disposées à lui accorder leur affection, leur sympathie, leur estime, devenu l'objet d'une confiance entière dans
toutes ses déterminations, et regardé désormais comme le protecteur
de l'ordre en Europe, comme le souverain qui empêche tout ce qui
pourrait engendrer la perturbation des autres Etats, tout ce qui
pourrait aider ou susciter les révolutions. — La France enfin, regardée jusqu'à présent comme le foyer de toutes les excentricités politiques et sociales (et quand je parle de la France j'entends parler de
Paris). Paris devenu le sanctuaire des grandes déterminations diplo-
matiques, l'amphictyonie où se sont réunis les représentants de toutes
les puissances qui l'ont choisi pour sceller les nouvelles garanties de
la paix européenne. Ce Paris qu'en 1848 tout le monde fuyait, tout
le monde accablait d'injures et de reproches, changé comme par
enchantement en un lieu de délices et d'admiration, objet de la
curiosité de tous les peuples par son étonnante exposition ouverte
dans le temps même où les armées françaises guerroyaient et cei-
gnaient leurs fronts de lauriers; ce Paris est devenu, au moment où
on s'y attendait le moins, un temple de Janus; on y voit courir tous

les peuples pour bénir ces branches d'oliviers qui naissent et s'ar-
borent au milieu de la population, réputée jusqu'à présent la
plus turbulente de l'Europe. — Ces transformations subites, ce
changement si remarquable de scène prouvent avec quelle rapidité
les événements se succèdent dans un pays qui possède tous les élé-
ments pour faire craindre et espérer, pour se faire aimer et haïr.

Napoléon 1er, méditant à Sainte Hélène sur le sort de l'Europe,
repassant dans son esprit l'état dans lequel il avait trouvé la France
et les autres royaumes à son avénement au pouvoir, et celui où il
l'avait laissé lorsqu'il devint le prisonnier d'un amiral anglais, qui
le conduisit à Sainte-Hélène, a dit ces mots, qui ont été regardés
comme une prophétie politique prononcée par ce grand oracle sur
le rocher de son exil : « L'Europe sera en peu de temps ou république
ou cosaque. » La haute intelligence de son esprit supérieur avait été
frappée des idées et des tendances démocratiques qui s'étaient infil-
trées dans toutes les masses sur lesquelles la révolution française de
1789 et 1791 exerçaient toujours une grande influence.

Pendant plus de dix années le délire révolutionnaire de 25 millions
d'hommes, communiqué indirectement, par frayeur ou par sympathie à toute l'Europe, avait commencé à changer la condition morale
des peuples, à intervertir les rôles de l'état social, annonçant à toutes
les nations une ère nouvelle dont les esprits les plus éclairés ne
pouvaient prévoir le progrès, de même que les ministres d'Etat qui
avaient vieilli dans les affaires ne savaient en calculer l'importance.
— Napoléon, depuis qu'il se trouva dans l'impossibilité de paralyser
les tendances subversives par un pouvoir fort, mais exagéré, éloi-
gné de l'action politique qu'il avait exercée dans toute l'Europe,
méditant sur le passé, a cru prédire l'explosion de ces idées, de ces
tendances, de cette fermentation démocratique qu'il avait laissées en
Europe.

Mais ce n'est pas la seule impression qu'il conserva des quinze
années où il fut le grand moteur sur le théâtre du monde. Lorsque
dans son exil il repassait comme dans une revue rétrospective les
souvenirs de son temps, la puissance de la Russie, par sa position
géographique, par sa gigantesque population, par l'influence qu'elle
pouvait avoir en Europe, surtout après la part que le congrès de
Vienne lui avait faite, Napoléon, dis-je, a annoncé la probabilité

d'une prépondérance politique que la Russie aurait exercée dans toutes les affaires d'Europe au point d'en troubler l'équilibre.

Cette persuasion l'avait tellement frappé que, méditant sur le rocher de Sainte-Hélène avec sa haute intelligence et son esprit supérieur sur le sort futur de l'Europe, tantôt il voyait, à travers le télescope de sa prévoyance, les perturbations de l'ordre social ébranler tous les Etats ; tantôt les phalanges moscovites poursuivre encore son ombre et menacer son empire, ainsi que les autres royaumes européens, de la domination des Cosaques.

Des symptômes qui commençaient à justifier la prévoyance, ou pour mieux dire la prophétie, du plus grand homme de notre siècle, ne tardèrent pas à se montrer. Après que l'aréopage diplomatique réuni à Vienne, reconnaissant les services que le peuple avait rendus en 1812 et 1813, en aidant la délivrance de l'Europe de l'effrayante dictature de Napoléon, voulut doter d'institutions constitutionnelles plusieurs Etats, qui avaient toujours vécu avec les anciennes lois, les usages des anciennes monarchies, le respect aux anciens pouvoirs.

Cette nouveauté, qui annonçait un changement complet dans l'ordre politique, ne tarda pas à dévoiler certaines tendances qui avertirent les pouvoirs absolus des effets qu'on aurait pu craindre.

L'empereur Alexandre, qui s'était montré, en 1814, très-libéral, même bien plus que les autres souverains, fut le premier qui proposa, en 1815, la Sainte-Alliance comme un remède, dicté par la prévoyance, contre tout mouvement populaire. A peine donc les concessions faites par le congrès de Vienne avaient-elles commencé à être mises en exécution qu'on pensa à se préserver d'un danger qu'on croyait possible et même probable, celui de voir troubler l'ordre public dans quelques Etats de l'Europe par des mouvements populaires.

Les révolutions qui eurent lieu en Espagne et en Italie en 1820 dénoncèrent d'une manière positive les germes de ces perturbations sociales qui commençaient à essayer leurs forces dans l'espoir d'assurer un triomphe aux institutions populaires.

Cette première levée de boucliers en Espagne, à Naples, en Piémont, comprimée, on s'occupa de resserrer les rapports entre les puissances conservatrices.

La France travaillait à renforcer le système monarchique, à lutter contre l'héritage de la révolution, les souvenirs de l'empire et l'opposition parlementaire devenue une institution politique par la Charte donnée par Louis XVIII.

La Russie surveillant toujours l'attitude des puissances continentales qui travaillaient à se remettre de la grande secousse qu'ils avaient éprouvée pendant quinze ans, profitait de toutes les circonstances pour étendre sa domination du côté du Danube et de la mer Noire et acquérir par des traités une influence prépondérante sur l'empire ottoman.

L'Angleterre songeait à mettre à profit son catéchisme libéral, ou pour mieux dire constitutionnel, se donnant la mission d'engager les gouvernements qui avaient imité son organisation politique à la prendre comme modèle, en même temps que comme protectrice. On sait bien ce que veut dire pour les petits Etats la protection d'une grande puissance et surtout d'une puissance comme l'Angleterre, qui ne manque jamais de tirer parti de tout.

En 1830 reparut la force insurrectionnelle faisant encore des essais en France, en Belgique, en Pologne, dans quelques villes d'Allemagne. Cette recrudescence d'une maladie sociale avertissait les pouvoirs de se tenir sur leur garde, puisque l'ennemi caché ne faisait qu'accroître en force, profitant des abus des gouvernements, abus produits par leur faiblesse ou par des idées peu conservatrices, qui trouvaient des partisans et qu'on aimait à caresser comme catéchisme du progrès moral des sociétés.

L'événement de 1830 donna en quelque sorte une nouvelle tendance aux doctrines politiques de plusieurs cabinets. La monarchie de juillet, malgré tous les efforts qu'elle fit pour donner des garanties d'ordre à toutes les puissances occidentales, qui pouvaient craindre de grands embarras si le roi Louis-Philippe s'était laissé entraîner à favoriser la propagande perturbatrice, n'obtint d'autre sympathie que celle de l'Angleterre, 1° parce que la monarchie de juillet reconnaissait son origine d'une révolution ; 2° parce qu'au commencement de son règne le roi Louis-Philippe énonça comme base de sa politique l'entente amicale avec l'Angleterre, regardant cette entente comme un moyen bien sûr de conjurer ce qu'il aurait pu craindre du côté de la Russie et de l'Autriche. Ce nouveau programme changeait la politique de la Restauration qui était liée avec le cabinet de Saint-Pétersbourg dont l'influence n'était pas un mystère.

Pendant les dix-huit années que dura la monarchie de juillet, il se faisait dans les hautes classes du parti légitimiste, ainsi que dans la bourgeoisie et dans le bas peuple, un travail incessant, en partie manifeste, en partie occulte, contre l'avénement au trône de la branche cadette d'un côté, et contre le gouvernement monarchique de l'autre. L'aristocratie des priviléges, celle attachée au principe de la légitimité, se déclarant hostile à la royauté de la famille d'Orléans, trouva des sympathies dans certains potentats du continent, à la tête desquels était l'empereur de Russie. Mais, pour se rendre fort et triompher de la lutte que ce parti avait sourdement préparée, les ennemis de Louis-Philippe eurent le tort de caresser le parti insurrectionnel en lui faisant croire qu'il pouvait obtenir de grands avantages et leur protection si on réussissait à chasser du pouvoir celui qu'on voulait regarder comme usurpateur.

Les membres des sociétés secrètes et leurs affiliés, qui se multipliaient à chaque jour, sans que la police constitutionnelle eût réussi à découvrir dans toutes leurs ramifications et leurs conciliabules ténébreux, flattaient, de la manière la plus hypocrite et la plus adroite, l'espoir de ces personnes qui, sottement, pouvaient se flatter de diriger le principe révolutionnaire pour en tirer profit et le vaincre ensuite. Comme si on pouvait jamais espérer un aide quelconque de ces perturbateurs, ennemis jurés de tout pouvoir monarchique dont le renversement sera toujours le but.

Le système représentatif, tel qu'il fonctionnait en France, où le principal objet des orateurs de la Chambre élective, ainsi qu'une partie de la Chambre des pairs, étant celui de se faire admirer par le succès littéraire de leurs discours, produisait un mal dont on ne se rendait pas assez compte dans les années qui précédèrent le 24 février 1848. Les membres de l'opposition, soutenus par le parti démocratique, tâchaient d'intimider le pouvoir afin de réussir à changer les ministres pour confier les portefeuilles à d'autres. Ce jeu de bascule, inévitable dans les gouvernements constitutionnels, devenait très-dangereux en France, où réside en permanence une force occulte qui tend au socialisme, et où les esprits sont toujours disposés à s'insurger, ne fût-ce que pour changer de position et pour essayer du nouveau.

La querelle de la Turquie et de l'Egypte qui se termina en 1841, et les mariages espagnols avaient changé la position du cabinet des Tuileries vis-à-vis de celui de Saint-James.

L'Italie était dans un état fiévreux, inquiet et turbulent. Le Sonderbund allumait une querelle que la France pouvait faire finir ; les remontrances de l'Autriche et de la Prusse sur cette affaire furent inutiles. Louis-Philippe tenait à s'assurer une majorité qui dépendait beaucoup de l'influence de certains membres de la Chambre. En Galicie l'affaire de Cracovie, ville libre, qui changea son sort par la volonté de l'Autriche. De l'autre côté, le feu, allumé sur toutes les montagnes de l'Italie, préparait un résultat auquel on ne prenait pas garde. Tout à coup le 24 février 1848 vit disparaître comme par un coup de baguette le roi Louis-Philippe et tous les princes de sa famille ! La France, et même Paris, furent très-étonnés de ce changement de scène si instantané et si imprévu ; la réjouissance était dans le cœur des légitimistes aussi bien que dans celui des républicains, qui se donnaient ce jour-là la main et fraternisaient ensemble. Des acteurs improvisés jouèrent une pièce qu'ils n'avaient pas apprise par cœur ; jamais démolition politique n'a été faite plus promptement, et jamais transformation aussi subite ne s'était opérée sans préparation et sans plan arrêté. La France se déclara république, baptême funeste qui rappelait le souvenir de tant de crimes et de tant de calamités ! Mais cette fois-ci la révolution (qui dit son dernier mot le 23 juin à Paris), ne se borna pas à la France seulement, elle se montra partout. L'Allemagne s'insurgea, l'Italie imita la France, la Sicile croyait se déclarer indépendante dans l'espoir de devenir, quoi ? — A Rome on assassina Rossi, on menaça le pape, qui se sauva à Gaëte. — A Vienne on poignarda le comte de la Tour. La Hongrie se constitua en parfaite insurrection, l'empereur quitta Vienne et se réfugia en Tyrol. A Francfort, on ouvrit un parlement où retentissaient les voix d'une démagogie éloquente, en même temps qu'on perçait de coups le prince Lignosky ; l'arbre de la liberté était planté partout à côté de celui de la république ou d'un gouvernement populaire..... Napoléon avait donc raison de dire à Saint-Hélène l'*Europe sera ou république ou cosaque*, puisque la dernière partie de sa prédiction semblait vouloir se réaliser.... Mais cet état de choses, cette frénésie, cette fièvre ardente qui avait affecté une grande partie de la masse sociale, qui se croyait la plus forte, parce qu'elle pouvait menacer et intimider dans un moment où l'exercice du pouvoir dans les monarchies bien organisées manquait de force morale, d'énergie et de surveillance, n'était au fond que factice..... Au bout de quelque temps le délire se calme, mais le désordre reste. On se sent impuissant à créer un état normal. Les perturbations affaiblissent les partis, le pouvoir échappe aux perturbateurs, sans s'en douter, et les républiques disparaissent, non sans avoir versé beaucoup de sang ! La France se donna un dictateur qui la sauva de la prolongation des égarements des deux partis qui s'étaient tendus la main au 24 février, et la mena par degrés à l'empire sans usurpation.

Le jeune empereur d'Autriche monta sur le trône que lui céda son oncle. La Hongrie se soumet; la Prusse se calme; Francfort montre aux voyageurs les bancs où siégeaient ces fougueux orateurs, dont quelques-uns vont bientôt occuper les places de ministres conservateurs. La Sicile reconnaît le tort d'avoir été séduite par des intrigants étrangers; Naples renie une épisode de quelques jours, elle se pose comme d'habitude, calme, insouciante, heureuse. Les membres du triumvirat de Rome obtiennent du consul anglais des passeports pour se sauver, après que les armées françaises vinrent délivrer la ville éternelle des tyrans populaires. Le pape revient à Rome, il est au Vatican. Charles-Albert dit adieu à sa patrie, il meurt dans une terre étrangère abreuvé de chagrin, prévoyant peut-être ce que coûtera à son peuple, qu'il avait rendu heureux, la nouvelle organisation politique dont il l'avait dotée, dans le paroxisme et l'entraînement d'une illusion.....

La prédiction donc de Napoléon qui paraissait justifiée par l'événement de 1848, se trouva démentie par le second acte du drame, commencé à la fin de la même année et fini presque à l'année suivante.

A mesure que l'Europe se remettait de cette désolante confusion, à mesure que ceux qui avaient été entraînés par les jongleurs de la démagogie commençaient à mesurer l'abyme où ils étaient prêts à tomber, le principe monarchique se présentait avec des avantages qu'on ne pouvait lui contester, tandis que le principe opposé est forcé d'abdiquer... L'Europe n'était plus menacée de devenir république.

Il y a pour les Etats une sève salutaire qui les sauve au moment même des plus grands dangers, et qui, par une action providentielle, rend faible celui qui a abusé de sa force passagère, et fort celui qu'on

croyait devoir être toujours faible. Une grande figure se détache en
1849 et se pose comme protectrice de la monarchie autrichienne
dans la lutte acharnée avec la Hongrie et d'autres petits Etats. C'est
la Russie, c'est l'empereur Nicolas, qui, par le succès de ses armes
en Hongrie, se croit presque autorisé à présenter l'*autocratie* comme
modèle pour garantir la tranquillité sociale, et croit imposer sa force
matérielle comme nécessaire, au besoin, pour comprimer le principe
révolutionnaire enraciné en Europe.

Pendant que cette puissance gigantesque commençait à tracer son
nouveau programme au nord, l'empire se fondait et se consolidait
en France. L'Angleterre, qui n'avait pas cru devoir s'opposer au
mouvement révolutionnaire du continent, soit par respect à ses doctrines politiques, soit par ses tendances religieuses, qui la faisait
regarder avec complaisance les événements de Rome, avec sympathie
la levée de boucliers de la Hongrie, avec bonheur les troubles de la
Sicile et du Piémont, était bien loin d'éprouver la même satisfaction
pour tout ce qui se passait en France ; elle regardait d'un œil prévoyant et soupçonneux en même temps l'attitude qu'allait prendre
l'empereur des Français. Le souvenir des quinze premières années du
dix-neuvième siècle troublait en 1850 le repos du cabinet de Saint-
James ; l'Angleterre, qui aurait vu avec satisfaction se prolonger l'état
convulsif de l'Assemblée contituante à Paris, ne fut pas très-satisfaite
de voir surgir un pouvoir fort dans les mains d'un prince, auquel on
pouvait supposer des idées bien différentes de celles qu'il a montrées
ensuite ; d'un prince qu'on pouvait soupçonner d'avoir la pensée de
se venger des souvenirs de 1814 et 1815.

Depuis 1850 à 1851, l'Europe prit une attitude expectante ; tous
les yeux étaient fixés sur la France, qui traînait encore la tunique
républicaine, placardant dans toutes les villes l'enseigne des trois
mots *Liberté, Fraternité, Egalité*. Les politiques clairvoyants dans
les pays étrangers, et les Français les plus sensés pensaient, d'après
la marche que suivaient les membres de l'assemblée, que cette re-
présentation nationale, sans consistance, sans dignité, sans force,
cette assemblée où s'agitaient toutes les passions, où se nourrissaient
toutes les espérances de ceux qui rêvaient encore une république
socialiste, ne servirait qu'au profit de celui qui, disposant du pouvoir
exécutif, unissait à cet avantage celui de s'appeler Napoléon Bona-

parte. Il y avait bon nombre de personnes qui, jugeant d'après les apparences de troubles journaliers dont l'assemblée et les provinces donnaient le spectacle, pensaient que la France allait se perdre dans des luttes incessantes qui, affaiblissant le pouvoir, favoriseraient les idées des puissances étrangères.

On vivait en Europe dans un état d'anxiété, lorsque le 2 décembre trancha la question. La proclamation de l'empire marqua à la France la nouvelle ère de son existence politique et lui confirma pour la seconde fois ce que l'ancienne Rome nous avait appris, c'est que de la république on passe à la domination dictatoriale, marche-pied pour arriver à l'empire.

Ce fait, sans étonner l'Europe, qui avait applaudi au coup d'Etat, le regardant comme le puissant remède pour en finir avec les menaces de la démagogie, rendit pourtant les puissances étrangères plus attentives au programme qu'allait suivre le descendant de Napoléon Ier. Accoutumées à voir depuis un demi-siècle s'élever et tomber, revenir et disparaître, les pouvoirs que la France avait soutenus, appelés, applaudis, avec la même facilité qu'elle les avait vu s'évanouir, avec autant d'entraînement à les inaugurer que d'indifférence à les chasser, les puissances européennes attendaient pour hasarder un jugement que toutes les conjectures, que tous les raisonnements, qu'on pouvait croire logiques, après avoir écouté le langage des partis, qui s'étaient partagé leurs rôles, fussent confirmés ou démentis par les faits.

Dans cet état de choses une grande épisode produisit un changement complet dans la scène politique et facilita la solution de ce qui était resté dans un état de problème. L'empereur Nicolas, calculant mal l'attitude des différents Etats de l'Europe, donnant peu d'importance à la nouvelle condition de l'empire français, croyant cet empire faible et mal affermi, parce qu'il le supposait isolé, et exclusivement occupé à étouffer les germes des différentes oppositions, persuadé qu'il pouvait compter sur les sympathies des gouvernements étrangers, crut le moment opportun pour accroître son influence en Turquie ; et, prenant prétexte de ce que la France et l'Autriche avaient obtenu de la Porte-Ottomane par la mission du comte de la Valette, pour la question du Saint-Sépulcre, et par celle du comte de Linanges pour les garanties qu'on réclamait en faveur des chrétiens de la Bosnie, fit choix du prince Menchikoff en lui donnant des instructions dont le caractère pouvait être considéré comme un ordre qu'il venait de communiquer au divan de la part de son maître. Le langage tenu par le prince Menchikoff à Constantinople, langage qu'on a pu comparer à une notification du sénat ou de l'empire de l'ancienne Rome, aux États qu'elle avait assujettis, avertit toutes les puissances d'un danger dont l'influence exclusive du czar sur les domaines du sultan menaçait l'Europe. Cette probabilité devint évidente dès qu'on sut le peu de cas que l'ambassadeur russe faisait des remontrances des ministres des autres cours.

Le cabinet anglais ne croyait pourtant pas que l'attitude du gouvernement russe aurait amené un conflit sérieux, un changement positif dans les rapports des puissances, qui aurait rendu la guerre inévitable. L'état de paix dans lequel l'Angleterre vivait depuis longtemps avait fait négliger au parlement et aux ministres les mesures efficaces pour améliorer l'organisation militaire, qui depuis longtemps réclamait des réformes sérieuses. Quoique la marine anglaise ait toujours été la plus considérable, la plus exercée, la plus habile de toutes les marines du continent, elle n'était pas en état de prendre l'initiative d'une guerre qui ne souriait pas au commerce de la Grande-Bretagne. Le commerce anglais, qui forme la base de sa politique et de ses intérêts nationaux, n'aurait pas voulu s'exposer aux chances d'une longue lutte qui aurait pu paralyser ses spéculations ; ainsi le ministère anglais ne se pressait pas pour faire des avances.

Il faut ajouter à cela que tout à la fin de 1852 des idées vagues et douteuses existaient encore en Angleterre sur le compte du nouvel empire français, ainsi que sur la politique de Napoléon III. Lorsque celui-ci, calculant, avec la sagacité et la pénétration de son esprit, les immenses avantages qu'il aurait pu obtenir d'une guerre, dont le succès ne lui paraissait pas douteux, pour se poser comme arbitre des événements politiques en Europe et prendre le rang qu'il avait convoité dès le jour même qu'il se déclara empereur des Français, il comprit qu'il lui fallait cependant le concours de l'Angleterre, et que pour entraîner cette puissance il ne devait pas arrêter sa flotte devant les Dardanelles et le Bosphore. Le cabinet de Saint-James n'hésita pas un instant à prendre part à cette lutte qui devait donner à l'Europe une attitude très-significative, par la divergence des sympathies de certaines puissances, par la manière d'agir équivoque de certaines autres, par la position même du théâtre de la guerre.

Il s'agissait maintenant de voir si la seconde partie de la prédiction du captif de Sainte-Hélène allait se vérifier, ou si elle devait avoir un démenti comme la première. Trois mots composaient le programme du nouveau défi contre la Russie, passant le Pruth au mépris de toutes les conventions : — Elever une digue contre l'ambition de la Russie, — assurer l'intégrité de l'empire ottoman, — sauvegarder l'équilibre de l'Europe. — Chaque fois que les puissances occidentales faisaient des remontrances au cabinet de Saint-Pétersbourg sur les démarches que celui-ci se permettait de faire auprès du Divan, démarches qui dévoilaient le projet de la cour de Russie, dont on peut dire que le czar ne faisait plus un mystère, on recevait pour réponse que la manière d'agir de l'empereur envers la Porte-Ottomane ne devait regarder aucun cabinet étranger. La Turquie n'ayant pas pu obtenir d'être signataire des actes du congrès de Vienne, d'être considérée comme une puissance isolée, avait contracté des engagements particuliers avec la Russie, qui seule avait le droit d'en demander compte.

Partant de ces principes, le cabinet de Saint-Pétersbourg établit une doctrine politique qui le laissait maître absolu d'agir de la manière qui paraîtrait la plus avantageuse à ses intérêts et à ses projets sur la Turquie. Mais cette doctrine ne pouvait pas être admise par les puissances étrangères, qui avaient toujours garanti l'intégrité de l'empire ottoman.

Par tout ce qui venait d'arriver après les négociations du prince Menchikoff, après le passage du Pruth et l'occupation des principautés danubiennes par les troupes russes, il paraissait évident que la pensée de l'empereur Nicolas était celle de dicter la loi à Constantinople, sans occuper la ville, pour le moment du moins, persuadé que le Divan aurait toujours plié à sa volonté. — S'il en eût été autrement, l'armée postée dans les principautés et la flotte sortie de Sébastopol auraient été des moyens prompts et sûrs pour entrer dans l'ancienne Bizance.

Ce plan, quoique appréhendé depuis bien des années par l'Angleterre, la France et l'Autriche, serait resté dans l'état d'un doute lointain , surtout depuis que la révolution de 1848, ayant changé les rapports de la Russie avec les puissances allemandes, on ne pouvait plus donner de l'importance à un projet d'invasion ou d'agrandissement du côté de la Turquie. Par un faux calcul, l'empereur Nicolas , après la création du nouvel empire en France , s'était persuadé que l'Angleterre ne pouvait jamais faire cause commune avec l'empereur Napoléon III , que l'Autriche et la Russie auraient toujours favorisé son plan, qu'il ne fallait pas perdre une occasion aussi favorable pour réaliser les vœux de ses ancêtres, et les siens, sur la Turquie. Le langage qu'il tint à l'ambassadeur anglais à Saint-Pétersbourg acheva d'éclairer la France et l'Angleterre sur les projets du czar.

L'Autriche, persuadée qu'elle pouvait dans cette occasion obtenir d'immenses avantages si elle faisait, jusqu'à un certain point, cause commune avec les puissances occidentales ; après avoir épuisé la voie des négociations avec la Russie, pour prévenir une guerre qui menaçait d'embraser toute l'Europe, n'hésita pas à souscrire au programme de la France et de l'Angleterre. Ce cas avait été prévu par le prince de Schwarzenberg , et on sait le langage qu'il tint lorsqu'il dit : *On verra que nous saurons être ingrats.*

Quant aux Etats allemands de second et troisième ordre , il faut bien connaître le changement important qui s'était opéré dans les tendances des classes supérieures et de la bourgeoisie depuis 1848.

L'aristocratie allemande, la bourgeoisie propriétaire, les gens de la haute finance, craignant les insurrections et les doctrines de la démagogie socialiste , qui menaçaient de bouleverser l'ordre social , cherchaient partout des garanties pour conserver ce qu'ils possédaient. Regardant toujours la France comme le foyer de toutes les perturbations , malgré les garanties que donnait le prince qui avait assumé le pouvoir , on avait de la peine à avoir assez de confiance dans la marche de son gouvernement ; de même que la conduite de l'Angleterre vis-à-vis l'Autriche, dans la révolution de la Hongrie, faisait regarder cette puissance comme très-suspecte pour tout ce qui concernait l'ordre monarchique sur le continent. De telles considérations induisaient les puissances allemandes à embrasser le système d'une parfaite neutralité, qui leur donnait le temps de s'entendre, se posant dans une attitude indépendante. Cette attitude était en même temps très-avantageuse aux finances de tous les petits et grands Etats, qui étaient bien loin de se trouver dans un état prospère. — Quoique la neutralité des Etats germaniques eût été très-favorable à la Russie, on pouvait cependant l'envisager comme une digue intermédiaire, qui aurait été également profitable aux deux puissances belligérantes. La neutralité de la Prusse et des Etats allemands s'expliquait aussi par le choix que les alliés furent obligés de faire du théâtre de la guerre, choix que les circonstances et l'objet de la lutte rendirent indispensable, et on comprendra sans peine la raison par laquelle la Prusse et les Etats de la confédération s'obstinèrent à garder la neutralité, même après que la Prusse consentit à prendre certains engagements qui pouvaient faire croire le contraire.

La guerre d'Orient, bornée au commencement à la Bulgarie et ensuite à la Crimée, justifiait en partie les puissances allemandes, qui ne voyaient pas de raison pour entrer en lice. Une fois que les troupes russes quittèrent les principautés, la Crimée et toutes les côtes de la mer Noire donnèrent seules le sanglant spectacle des combats si glorieux pour l'armée française et si admirables pour l'ennemi qu'elle combattait. Cette localité devenue exclusive parce qu'on avait fait de la destruction de Sébastopol le principal objet de la guerre, parce qu'on voulait détruire tout foyer de puissance navale dont la Russie pouvait se servir pour menacer Constantinople, expliqua aussi en partie la conduite de l'Autriche, qui, tout en ayant pris des engagements formels avec l'Angleterre et la France, évitait toujours de prendre une part active à la lutte. Les dangers pour l'Autriche ne se présentaient que du côté de la Pologne, et c'est ce danger qu'elle voulait avant tout éviter ou conjurer, c'est ce danger qui préoccupa constamment le cabinet de Vienne et qui fut pour lui une raison suffisante de l'ajournement si prolongé à entrer dans la lutte des parties belligérantes.

Sébastopol tombé, les soldats français y ont arboré leur drapeau. Tout change d'aspect... plus de lutte possible en Crimée ; les alliés sont maîtres des remparts de la presqu'île, la Russie a perdu sa flotte, qu'elle préféra couler à fond plutôt que d'affronter avec hardiesse le peu de vaisseaux de la flotte anglo-française au moment où ils entraient dans la mer Noire.... Maintenant plus de forts à défendre, plus d'asile pour les vaincus, plus d'espoir de refaire ce qui a été détruit, de reprendre ce qu'on a perdu.

La mer Noire désormais ne peut servir à la Russie que comme une mer de trajet pour son commerce ; la question de prépondérance russe en Orient et du danger qui menaçait la Turquie a été résolue ; il fallait donc changer le théâtre de la guerre si on voulait poursuivre à outrance la Russie, à laquelle on avait ôté tous les moyens de menacer l'intégrité de l'empire ottoman, objet de tant de combats. Mais ce changement de place devait à force produire d'autres changements importants..... Il y a une flotte russe à Cronstadt qui peut dominer la Baltique ; la prépondérance russe est exercée sur la Suède et sur le Danemark, qui ont fait des sacrifices pour elle, sacrifices voulus et sanctionnés par le congrès de Vienne. — Il faut détruire Cronstadt de même qu'on a détruit Sébastopol. Ce plan sourit à l'Angleterre bien plus qu'à la France, l'Angleterre pense racheter dans la Baltique, avec ses cent vaisseaux de ligne, les avantages qu'elle sait avoir perdus en Crimée. Sa marine doit faire oublier quelques fautes de son armée et de son administration militaire ; il lui faut l'éclat d'une grande victoire à elle seule, elle souffre de voir qu'on ne la considère plus comme la première puissance.

Cependant il ne s'agit plus de sauvegarder l'inviolabilité de l'empire ottoman, on ne peut plus accuser la Russie de nouvelles convoitises ; elle ne s'est pas écartée, pour ce qui regarde ses frontières du nord, de ce qui a été reconnu et sanctionné par le congrès de Vienne. Le nouveau théâtre qu'on choisit pour de nouveaux combats change forcément la position de la Prusse et des puissances allemandes. La guerre, transportée dans le nord de l'Europe, peut avoir des conséquences qui compromettraient les intérêts de l'Autriche. La question de la Pologne pourrait renaître, question toujours épineuse, et la guerre d'Orient pourrait se changer en guerre européenne. Ces considérations, il faut bien le dire, donnaient beaucoup à penser à toutes les puissances continentales ; la presse anglaise, plus active que jamais, faisait retentir avec joie les cris les plus belliqueux, annonçait avec une certaine vaniteuse complaisance les gigantesques préparatifs de sa marine et se montrait impatiente de voir arriver la fin du printemps pour entrer triomphalement dans la Baltique, et répandre la terreur dans tous les pays qui avoisinent ses côtes.

Cet état de choses, ces menaces, cet entr'acte pour ainsi dire après la fin du drame qu'on avait joué en Crimée, parut opportun au ministre de l'empereur François-Joseph pour exposer d'une manière franche et en même temps énergique à l'empereur Alexandre le danger qui pouvait menacer ses Etats, son commerce, ses finances, s'il s'obstinait à rejeter toute proposition qui sauvegarderait les intérêts et l'honneur de son empire.

Le cabinet de Vienne ne cacha pas à celui de Saint-Pétersbourg que le théâtre de la guerre changé, l'Autriche ne pouvait nullement se dispenser de prendre une part active à la lutte. Elle y était forcée et par ses engagements avec les puissances alliées (engagements dont elle avait pu jusqu'alors retarder l'exécution) et par sa position géographique qui la forçait à l'action. Le roi de Prusse, de son côté, menacé d'un blocus sévère dans tous ses Etats qui avoisinent la Baltique, exposé, par conséquent, à des pertes considérables pour son commerce, à des exigences de la part des alliés, exigences qui auraient pu faire naître des collisions bien fâcheuses, si son cabinet persistait dans le système qu'il avait jusqu'alors soutenu, par des raisons plus ou moins valables, fit connaître de même au czar, son neveu, qu'il lui devenait impossible de continuer à jouer le rôle de neutre, et que la nécessité le forcerait à se déclarer et à agir. Dans cette occasion, Frédéric-Guillaume tint à l'empereur Alexandre un langage non équivoque ; il ne lui cacha pas le danger de la position et il accompagna ce langage des plus vives instances pour engager le czar à accepter les quatre propositions, s'il ne voulait pas compromettre la considération et le bien-être de son vaste empire. Les paroles de l'Autriche et de la Prusse trouvèrent dans l'autocrate russe des dispositions favorables..... Sébastopol étant tombé, il devenait difficile désormais d'exciter la superstition religieuse du peuple moscovite en donnant à la prolongation de la guerre le prétexte d'une guerre orthodoxe.

On connaît déjà toutes les concessions faites par le sultan en faveur des chrétiens. Le traité que la Suède avait fait avec la France pouvait accroître les dangers pour la Russie dans la nouvelle lutte qu'on allait entreprendre..... Toutes ces raisons présentées au jugement sain et réfléchi du czar, l'influence de l'impératrice régnante et de l'impératrice mère, les conseils de son archichancelier, homme très-éclairé par son expérience et la sagacité de son esprit, exercèrent une heureuse influence sur la détermination de l'empereur Alexandre. — Il faut ajouter à tout cela la pénurie dans laquelle se trouvait le trésor public, le manque de ressources promptes et abondantes que réclamait la continuation de la guerre. Les finances épuisées, on aurait eu de la peine à satisfaire à tous les besoins d'une nouvelle campagne. La Russie venait de perdre dans la guerre d'Orient 300,000 hommes ; celle qui se préparait dans le nord exigeait une armée beaucoup plus considérable pour faire face à l'ennemi et sauvegarder les différents points d'attaque sur les confins de l'empire russe, soit du côté de la Pologne, de la Livonie et de l'Esthonie, en Finlande, à Cronstadt.

De tels arguments étaient bien plus forts et plus convaincants que ceux que pouvait faire valoir l'amour-propre d'une grande nation comme la Russie. D'ailleurs la vaillante défense des troupes russes qui, seules pendant deux ans, avaient opposé une résistance admirable aux attaques des alliés et avait empêché la chute de Sébastopol, était suffisante pour mériter l'admiration des vainqueurs et la justice que leur rendra l'histoire.

L'empereur Napoléon, de son côté, calculant avec sa rare intelligence, que la guerre devait cesser, parce que le véritable objet qui en avait été la cause avait cessé, parce que ses troupes, son armée n'avaient plus besoin d'un surcroît de gloire, parce qu'il avait déjà atteint le plus haut degré de sa puissance morale, ne négligea aucun moyen pour faire connaître au czar ses idées et son désir. Il sut (avec cette adresse qui lui assure le succès dans les affaires) convaincre l'empereur Alexandre, dont le caractère personnel sympathisait avec la nécessité de céder, nécessité qui, tout bien calculé, lui assurait des avantages positifs en lui épargnant les dangers d'une lutte à laquelle allait prendre part l'Europe entière : l'empereur Alexandre, qui n'avait point d'antécédents et qui n'avait contracté aucun engagement d'amour-propre avec ses sujets, ainsi que son père, qui leur avait fait croire qu'il était invincible parce qu'il avait joué un grand rôle dans les événements dont l'Europe avait été spectatrice avant cette époque, prononça, le 16 janvier 1856, ces mots : *J'accepte les quatre articles sans conditions ; on discutera le cinquième.* Une telle adhésion, si inattendue et si prompte, fut regardée par tous les Etats comme l'événement le plus heureux ! Des actions de grâce furent chantées dans les cœurs de tous les peuples..... L'Angleterre se vit forcée de faire bonne mine à mauvais jeu. Elle ne crut pas convenable ni utile de montrer sa rancune. Elle avait, d'ailleurs, dès les premiers jours de décembre, accepté les conditions que la France, d'accord avec l'Autriche, était convenue de présenter à la Russie comme l'*ultimatum* et le minimum en même temps. Le cabinet anglais était persuadé que la Russie n'y aurait jamais consenti. Voilà où il se trompa.

L'Angleterre avait augmenté sa marine ; elle avait déjà fait pressentir à tout le continent qu'elle allait recueillir de nouveaux lauriers ; elle avait marqué le rang qu'elle allait prendre après les combats qui auraient eu lieu dans la Baltique. — Mais elle ne pouvait alléguer aucune raison valable pour continuer la guerre, puisque le czar venait de consentir à toutes les demandes qui lui avaient été faites par les alliés. On savait même d'avance qu'il consentirait aux exigences contenues dans le cinquième article. Le cabinet de Saint-James, ne pouvant aucunement se séparer de la France dans un moment où elle aurait pu compromettre son attitude politique, consentit à signer à Vienne les préliminaires de la paix.

En regardant attentivement cette nouvelle modification entre les rapports des puissances auxquelles le résultat des derniers événements a conduit les différents Etats, on ne peut pas s'empêcher d'être frappé du changement qui s'est opéré dans les rôles des principaux acteurs politiques en Europe. — La conduite de l'empereur des Français, admirable en ce qu'il a su profiter des circonstances pour accepter un poste qu'on ne peut plus désormais lui refuser, admirable parce qu'on peut dire qu'il fit la guerre et la paix lorsqu'il l'a voulu, se montre en opposition directe avec la politique de son oncle, dont le sentiment dominant était celui de guerroyer toujours, de soumettre les Etats et de les forcer à seconder en tout sa volonté. Napoléon III agit avec mesure, attend et ne menace pas.

L'attitude de l'Autriche, vis-à-vis de la Russie, était celle de ménager ses intérêts et profiter de sa position. — L'Angleterre, qui a dû se contenter du fait accompli, parce qu'elle était convaincue d'avoir joué, bien malgré elle, un rôle secondaire en Crimée, l'Angleterre, qui sympathisait au commencement du siècle avec toutes les puissances qui se montraient ennemies de la France, et qui même en 1840, lorsqu'on croyait sa politique changée par l'*entente cordiale* avec le gouvernement de Louis-Philippe, s'était unie avec les cabinets qui voulaient empêcher la France de soutenir le pacha d'Egypte contre le sultan ; cette Angleterre, dis-je, s'allia désormais avec le nouvel empereur des Français, dont elle avait, au commencement, soupçonné les intentions, pour protéger la Turquie, qu'elle avait combattue à Navarin, menaça dans ses journaux la Prusse qui l'avait aidée à Waterloo, fit valoir le Piémont, puissance de second ordre, qui, après la révolution de 1848, avait changé son ancien caractère monarchique, auquel elle devait sa grandeur et la considération que l'Europe accordait à ses princes, pour le faire servir à toutes les manœuvres démocratiques, qui menacent l'ordre et le repos de l'Europe.

Les tendances que montra le nouveau czar à changer, en partie du moins, les plans de ses ancêtres et les doctrines de l'ancienne popolitique de Pierre-le-Grand et de Catherine pour donner une nouvelle vitalité à son empire, qui est le plus vaste du monde, complètent l'ensemble du tableau de la situation des différents Etats qui forme un sujet digne de considération pour apprécier le changement important qui s'est opéré entre la position prise par toutes les puissances continentales après le congrès de Vienne et celle qui donna la paix du 30 mars 1856.

Au congrès de Vienne on a dû s'occuper de relever l'Europe continentale du bouleversement et du désordre dans lesquels l'avaient jetée vingt ans de guerres, de conquêtes, d'envahissements, de spoliations ; on avait à réparer les dégâts et les pertes que chaque puissance avait soufferts, donner des garanties d'ordre et de repos à toutes ces nations fatiguées de nuire et d'être immolées sur le champ de bataille, forcées d'obéir à une seule volonté. On avait, en un mot, à remettre chaque chose et chaque pouvoir à sa place ! En 1854 et en 1855 on n'a combattu que pour empêcher un abus de pouvoir ou pour mieux dire les projets d'une ambition désordonnée, pour prévenir un envahissement qui, s'il avait eu lieu, aurait troublé l'équilibre de l'Europe en attaquant l'intégrité de l'empire ottoman. — Il s'agissait au congrès de Vienne de reconstruire en partie ce qui avait été ébranlé et presque détruit, et donner en même temps une force morale aux gouvernements qui, jusqu'alors, avaient été menacés de n'exister que par le bon plaisir d'un pouvoir absolu, appuyé sur un système exclusivement militaire. La paix de 1856, tout en respectant les changements opérés par les révolutions précédentes, dans la condition que le congrès de Vienne avait faite aux Etats, n'a eu d'autre but que de prévenir un danger, que l'influence exclusive du czar sur les Etats du sultan aurait pu faire naître.

L'empereur de Russie, arbitre des destinées de la Turquie, aurait pu l'être du commerce du Levant ainsi que de la Méditerranée, voilà l'objet de la guerre d'Orient, voilà le résultat de la paix, et puisque ce résultat a obtenu ce qu'on désirait éviter, et qu'on n'a plus à craindre qu'une puissance aussi colossale que celle de la Russie puisse menacer l'équilibre de l'Europe, la paix de Paris a dû avoir le cachet de la modération, de la justice et du désintéressement. Ce dernier cachet bien marqué servira désormais de garantie pour l'avenir, en attendant que le traité de 1856 ait comblé les vœux de toute l'Europe et mérité ses bénédictions.

Il est cependant à remarquer que le premier représentant du roi de Sardaigne, de retour à Turin, n'a pas pu s'empêcher d'avouer en plein parlement « qu'il regrettait bien que la guerre eût fini si tôt, parce que sa prolongation aurait pu amener des changements qui auraient été favorables à la Sardaigne, pour l'indemniser des sacrifices qu'elle avait faits. » Ainsi le président du conseil sarde a été le seul qui a exprimé le désir de voir continuer la guerre, dans l'espoir d'acquérir quelque nouvelle possession qui aurait agrandi le Piémont..... Remarquable *libéralisme désintéressé et humanitaire !*

Les conditions de la paix de Paris, le désintéressement, je le répète, qui en a été la base, promet une garantie formelle à la tranquillité européenne ; le respect pour l'indépendance de chaque souverain, proclamé dans cet admirable traité, donne à ce qui a été signé le 30 mars le cachet d'une paix conservatrice.

Si, en revanche, on eût songé à un remaniement quelconque de quelques petits Etats européens, ce qui aurait pu arriver par le droit du plus fort et par des ambitions qui se guérissent difficilement, on aurait changé la légalité en usurpation, le droit public en caprice, la justice en arbitraire, l'ordre en perturbation. Cette manière d'imposer la volonté des forts aux monarques et aux nations qui ne le sont pas, aurait pu produire une commotion générale, et l'emploi de la force même pour soutenir la mauvaise foi en aurait difficilement assuré le triomphe. Les gouvernements qui auraient menti à leurs engagements, n'importe sous quel prétexte, auraient perdu à jamais tout prestige de moralité. On ne peut pas cesser d'admirer ce mot prononcé par l'empereur Napoléon III, lorsqu'il a dit *que l'opinion publique, l'opinion des masses finit toujours par avoir raison*, ce qui confirme le mot de sir Robert Peel, *qu'il plaignait l'homme d'État qui voulait se fier exclusivement à la majorité des Chambres, sans consulter l'opinion du pays.*

Par tout ce qui vient de se passer sous nos yeux, et par ce que nous apprend l'histoire, on peut relever que la Providence, par un de ces décrets admirables qui conduit le sort des peuples et dirige les vicissitudes qui nous surprennent et nous frappent, que toutes les fois que l'équilibre politique a été menacé, ou pouvait l'être, par l'ambition de quelque potentat, cette crainte n'a pas duré longtemps.

Sans parler du temps de Charlemagne, temps où l'on ne pouvait pas songer au péril qu'aurait pu encourir l'équilibre politique de l'Europe, puisqu'il n'y avait pas encore de grands États constitués ; sans parler du temps où cette grande figure historique dominait sur toute la moderne Europe, qui n'était encore qu'ébauchée, les deux époques où les États du continent ont pu croire à la menace d'un pouvoir prépondérant, sont celles de Charles V et de Napoléon Ier. La monarchie de Louis XIV fit plus de bruit par l'éclat que ce grand monarque, brillant, fastueux, altier, donna à son règne, dès son début, par les victoires éclatantes remportées par les Turenne et les Condé, par les chefs-d'œuvre des grands hommes qui illustrèrent la France, agrandie par les traités que les ministres habiles ont signés, et par le retentissement qu'on aimait à donner à tout ce qui se passait à sa cour et dans la société française, devenue modèle pour toute l'Europe, que par la crainte qu'inspiraient ses armes aux autres États. Et lorsqu'au déclin de ses jours, la monarchie commença aussi à décliner et les défaites succédèrent aux triomphes, on se remit vite des inquiétudes qu'avait pu faire naître un instant sa puissance.

Charles V, maître de l'Espagne, d'une partie de l'Italie, des Pays-Bas, empereur d'Allemagne, après avoir déjoué les menées de François Ier, qui s'était flatté d'être élu à sa place, Charles V, guerrier

par goût, prince d'un caractère hardi et plein d'imagination, put
faire croire qu'il visait à une monarchie universelle, surtout après la
bataille de Pavie ; mais, la fortune ne lui ayant pas été toujours favorable, il se fatigua bientôt de ces grands succès, et, partageant ses
domaines, il se retira à Saint-Juste, et fit cesser les craintes que son
ambition et ses victoires avaient inspirées.

On connaît la fin de Napoléon, qui a été le seul qui menaçât réel-
lement l'Europe d'une domination exclusive. Ce prince exceptionnel,
qu'on peut définir comme l'exagération d'un grand génie, était incomparable comme guerrier, sublime comme organisateur, remarquable comme administrateur ; mais sa politique, dominée par ses
passions, a été toujours fautive.

Il faut conclure de tout cela que Charles V, Louis XIV, Napoléon,
le czar Nicolas, puisqu'on l'accuse d'avoir caressé l'idée de rendre
la Russie une puissance prépondérante, n'ont abouti qu'à produire
l'effet contraire de ce qu'ils se sont proposé !

De pareils essais, depuis la conclusion de la paix de Paris, ne pourront, au moins par le cours ordinaire des événements, se reproduire
pendant bien longtemps. La Turquie, prenant part désormais à la
nouvelle civilisation, mise à l'abri de tout coup de main, ne pouvant
plus se prêter aux illusions d'une puissance quelconque, qui voudrait la mutiler ou la faire disparaître, la Turquie, entrée dans le
droit public des autres nations d'où elle avait été exclue, vient de se
soustraire aux dangers de toute convoitise de la part des puissances
étrangères, que sa position géographique, les abus de son gouvernement, la faiblesse où son pouvoir était tombé, son despotisme et
son organisation intérieure l'avaient exposée (1). Après bien des
siècles, cet État musulman, qui était venu (au grand scandale de
l'histoire) s'implanter au milieu des grandes puissances européennes
par l'heureux résultat de ses invasions et de ses conquêtes ; faisant
la guerre la plus acharnée au christianisme ; faisant parade des
mœurs les plus incompatibles avec la morale des sociétés ; cet État,

(1) Le seul qui eut la pensée de faire de la Turquie une Pologne, fut Napoléon,
qui, en 1808, proposa à l'Autriche et à la Russie de la partager ; mais, chaque fois
que le baron Vincent demandait qui aurait Constantinople, M. de Talleyrand se tai-
sait. Perdant enfin patience, il s'écria : « *Mais vous ne voyez pas que c'est lui qui
veut l'avoir !* » Depuis lors il ne fut plus question de la Turquie.

soutenu par la barbarie et le fanatisme, cette puissance qui avait trouvé autrefois des alliés dans les princes catholiques, vient de changer son ancienne condition sociale qui l'isolait de toutes les nations. Elle consent à reconnaître les droits des sujets chrétiens en les admettant aux places, aux emplois, à l'armée, faisant des réformes qui pourront la rapprocher des autres puissances dont elle vivait complétement isolée. Le premier représentant d'Abdul-Mejid ayant fait, dans les conférences de Paris, tous ses efforts pour ôter aux puissances le droit de faire des *stipulations*, afin de changer les rapports et la manière d'être vis-à-vis des chrétiens qui se trouvent dans l'empire ottoman et les mettre au niveau des sujets turcs, a montré qu'il visait à accroître l'autorité du sultan en obtenant que les chrétiens fussent déclarés ses *sujets*, avant même d'organiser la Turquie d'après les principes qui régissent les autres États. Il était naturel de faire comprendre au grand-visir que, pour obtenir ce droit, le gouvernement du sultan devait donner les garanties d'une administration juste, équitable, désintéressée; il fallait que les biens, la vie, l'honneur des étrangers, habitant les États de la Porte, fussent partout respectés en vertu de la loi commune ; que le sultan renonçât au titre de maître des nations que ses prédécesseurs avaient conquis, titre que leur avaient donné les droits de la guerre comme vainqueurs ; que les chrétiens ne devaient plus payer le karatch, qui est le rachat de la vie du vaincu ; en un mot, la Turquie devait être gouvernée comme les autres États de l'Europe, afin, comme le disait bien le baron de Bourquenay, « que les cno- « cessions qu'on fera fussent proportionnées aux réformes que la « Turquie introduirait dans son administration, de manière à com- « biner les garanties nécessaires aux étrangers avec celles qui naî- « tront des mesures dont la Porte poursuit l'application. » Pour réussir à cela, il faut vaincre bien des mécontentements, surmonter bien des obstacles, triompher sur le fanatisme qui est la maladie de l'esprit la plus tenace, maladie qui mène souvent à l'emportement et aux excès.

Le système politique des anciennes monarchies jusqu'à nos jours a été celui de conquérir et d'agrandir leurs États; maintenant, l'objet principal des gouvernements sages est celui d'enrichir et de développer la force morale des nations. Éclairés par l'expérience, ils comprennent qu'ils doivent baser leur puissance sur cette partie de la nouvelle civilisation qui s'est répandue, bon gré mal gré, dans toutes les masses, et qui (si l'on excepte la fraction des fainéants et des prolétaires qui se traînent toujours aux ordres des perturbateurs ambitieux) fait mieux comprendre aux peuples les devoirs de leur conditions. Mais, pour réussir, pour profiter et jouir de l'appui de cette force morale, il faut éviter tout ce qui peut caresser les penchants de ces hommes inclinés à abuser de tout; il faut éviter de donner des espérances à ceux qui, depuis bien des années, travaillent à exciter des troubles, et qui sont toujours prêts à profiter de tout prétexte que peut leur donner le langage des hommes d'États qui sont à la tête des affaires politiqnes ou qui dirigent les cabinets, sans parler des journaux, qui semblent presque tous soldés par eux pour réveiller les passions démagogiques et la haine contre le pouvoir.

Tout en admirant la conduite des plénipotentiaires signataires du traité de Paris, tout en accordant les éloges dus à la marche qu'ils ont suivie et à la promptitude avec laquelle ils ont calmé l'anxiété de l'Europe, en proclamant, le 30 mars, la paix si inattendue et si désirée, on ne peut pas faire à moins de se demander la raison par laquelle une partie des membres du congré de Paris, réunis pour finaliser un traité qui regardait exclusivement la question d'Orient, ait consenti à prêter l'oreille à une note remise par le plénipotentiaire sarde aux plénipotentiaires de France et d'Angleterre, qui a soulevé certains entretiens qui n'avaient aucun rapport avec les décisions de la conférence. Le résultat de ces entretiens, rendus publics par le vingt-deuxième protocole du 8 avril, nous a montré que la France et l'Angieterre, après avoir écouté l'exposé d'une note qui fait craindre des perturbations graves en Italie, si l'état dans lequel se trouvent les États du Pape se prolonge, et si le roi des Deux-Siciles ne modifie pas certains abus dans son pouvoir, ayant à cœur d'établir un ordre parfait dans tous les États, afin que l'Europe entière puisse jouir des bienfaits d'une paix solide et durable, ont voulu donner de simples conseils à la cour de Rome et au roi de Naples pour exécuter quelques réformes dans diverses branches de l'administration de ces deux pays.

Mais n'est-il pas à craindre que le langage tenu par le représentant sarde ne produise l'effet contraire en excitant les perturbations,

qu'on voulait éviter? N'est-il pas à craindre que le langage qu'a soulevé cette question dans le congrès de Paris n'excite les espérances
des agitateurs révolutionnaires en Italie qui se flattent désormais de
l'appui du Piémont et de celui du premier ministre de la Grande-
Bretagne. Après le discours prononcé en plein parlement, dans lequel
il a annoncé à l'Europe entière que le gouvernement établi par la
révolution à Rome était bien préférable à celui du Pape et à celui
installé par l'armée française, lorsqu'elle délivra Rome de la spolia-
tion, de la tyrannie, du scandale, des forfaits commis sous ce triumvirat dont la Chambre des communes a entendu faire l'éloge; n'est-
il pas à craindre, dis-je, que les agitateurs révolutionnaires en Italie,
se croyant ainsi protégés, ne lèvent la tête pour recommencer 1848?

Il y a assez de fermentations occultes, assez, hélas ! de matières
combustibles, répandues partout, voilées, cachées, souvent impéné-
trables, mais toujours prêtes à éclater et à répandre la lave brûlante
et dévastatrice des révolutions, pour qu'on ait tout l'intérêt possible
à rester attentif à ne pas souffler un incendie qui serait si funeste,
et ceux qui se croient invulnérables ne seraient peut-être pas à l'abri
du danger. C'est aux journaux provocateurs, ces agents infatigables
de trouble et d'agitation, c'est aux discours de certains personnages,
qui, dans la place qu'ils occupent, devraient bien se garder de descendre au rôle d'agitateurs, qu'on doit reporter l'initiative des perturbations sociales et leur en donner la responsabilité. La note pré-
sentée par le chef du cabinet sarde aux représentants de la France
et de l'Angleterre, pour les induire à prendre des engagements sur
les affaires de l'Italie, avait pour objet principal de faire reconnaître le *droit que le cabinet sarde croit avoir de parler au nom
de l'Italie, et montrer aux Italiens que le Piémont sait prendre en
main leurs intérêts.....*

Est-ce que le président du conseil de Turin peut se flatter sérieuse-
ment qu'on veuille lui accorder ce *non plus ultra de prétentions?* Il a
trop d'esprit pour se donner *gratis* un pareil ridicule! Et de quel
droit le cabinet piémontais parlerait-il au nom de l'Italie entière? qui
lui a donné ce mandat? Est-ce le gouvernement du pape, après que
le ministère sarde a exilé l'évêque de Turin, après que le parlement
s'est approprié les biens du clergé, après qu'on a chassé les corpora-
tions religieuses?..... Est-ce Naples, depuis que les journaux sardes

ne cessent pas, dans leur parfaite ignorance et leur mauvaise foi, d'inventer des calomnies, de formuler des mensonges sur l'administration d'un royaume deux fois plus grand que toutes les possessions du roi de Sardaigne, ayant à entretenir cent mille hommes de troupe et une marine considérable, n'a pas un sou de dette, n'a jamais eu besoin de faire aucun emprunt, pour pourvoir aux besoins de l'Etat? Naples, sous le règne de Ferdinand II (depuis 25 ans), n'a été spectatrice que d'une seule exécution capitale pour délits politiques; à Naples le peuple jouit d'une prospérité et d'une tranquillité qui démentent toutes les assertions hostiles et calomnieuses des journaux piémontais; les étrangers qui visitent ce beau pays peuvent rendre témoignage de ces faits. Dans le royaume des Deux-Siciles l'apostasie religieuse est inconnue, la propagande du protestantisme ne fait pas fortune pour un seul jour, ce qui contrarie peut-être ceux qui voudraient le contraire.

Est-ce la Lombardie, après le service que le Piémont lui a rendu en 1848?.....

Ce ne serait donc qu'après la bataille de Novare que le gouvernement piémontais a cru pouvoir se mettre à la tête de la Péninsule et avoir le droit de prendre la parole pour l'Italie entière? Est-ce parce que quinze ou vingt mille soldats sardes se sont embarqués pour la Crimée que le chef du cabinet sarde se croit autorisé à demander des réformes dans les Légations, à Naples, à Parme, partout, comme tuteur du sort des peuples italiens qui *gémissent* sous le joug des troupes autrichiennes? Le président du conseil piémontais aurait peut-être voulu que la duchesse de Parme eût applaudi à tous les assassinats que les soi-disant libéraux italiens n'ont pas cessé de commettre dans ses Etats, ou que, pour protéger la souveraine, Parme eût appelé le secours des troupes piémontaises, refusant celui de l'Autriche?

Le chef du ministère sarde, oubliant qu'il avait présenté le Piémont comme le modèle que les autres Etats italiens devaient suivre, pour la sagesse de son administration, la nature de son gouvernement, et l'importance de son armée, changea de langage, pour invectiver contre l'Autriche et pour persuader les deux ministres des affaires étrangères d'Angleterre et de France à le seconder; il dit dans sa note : « *Le Piémont, agité au dedans par les passions révolu-*

tionnaires (il avoue donc que les passions révolutionnaires agitent le Piémont *modèle*, ce qui fait croire qu'il n'est pas aussi tranquille et aussi heureux que M. de Cavour a voulu le peindre), *provoqué autour de lui par un système de compression violente* (autour de lui! mais autour de lui il n'y a que la France, l'Autriche et la Toscane!), *par l'occupation étrangère de Parme et des Etats du pape, menacé par l'extension de la puissance de l'Autriche* (voudrait-il réduire par hasard l'Autriche à une puissance de second ordre?), *il peut d'un instant à l'autre être contraint par une nécessité inévitable d'adopter des mesures dont il est impossible de calculer les conséquences.* » Voilà une menace bien formulée pour l'Autriche. De crainte qu'on n'eût oublié qu'en 1848 ce fut le Piémont qui menaça l'Autriche, il renouvelle le même avertissement; pour ne pas être réduit aux mêmes extrémités, il engage la France et l'Angleterre de faire éloigner les troupes autrichiennes des Etats du pape, de les faire sortir du duché de Parme, ce qui lui donnerait l'espoir de profiter de nouveaux troubles dans ces deux pays.

Ce que le comte Walewski a dit à l'égard de la presse belge était bien juste, ses réclamations étaient bien fondées, et c'est un grand service à rendre au repos de toutes les nations que celui de faire cesser un scandale pour la morale de tous les gouvernements. Ce n'est pas d'un simple abus de la liberté de la presse (qui ne vit que d'abus), ce dont se plaint le comte Walewski, mais un encouragement à la révolte et aux actes coupables, c'est d'un attentat, attentat qui partage la responsabilité du crime avec ceux qui pourraient l'exécuter : on ne peut soupçonner qu'aucun gouvernement puisse regarder de tels excès comme les effets naturels de la liberté de la presse. Toute liberté a ses bornes, sans quoi la liberté se changerait en tyrannie, tyrannie qui s'exercerait contre ceux qui ne pourraient pas la combattre par la force, tyrannie qui tôt ou tard enfanterait des révoltes.

Qui plus que la presse anglaise abuse et profane cette liberté? Attaquant de front tantôt un prince, tantôt un autre, calomniant avec une incomparable effronterie ou un gouvernement, ou une nation, ou des hommes au pouvoir qui ne conviennent pas à ses idées et à ses projets, faisant surtout la guerre à tous ceux qui se montrent indépendants et qui n'entendent pas être les dupes ou les esclaves d'une puissance étrangère, qui voudrait les dominer par l'abus de la force dont la presse anglaise fait parade journellement, ou en menaçant pour intimider, ou en débitant des mensonges pour tromper, se servant parfois du langage le plus hostile et le plus envenimé (langage qu'aucun autre journal ne voudrait imiter), afin d'en imposer, ou faire naître des doutes, lors même qu'elle ne parvient pas à persuader. Lorsque la vérité vient donner un démenti formel à certains journaux anglais, cela ne les décourage pas; ils attendent quelque temps et recommencent ensuite leur tactique avec une nouvelle persévérance. On est tellement accoutumé désormais à l'excentricité et à l'immoralité politique des journaux de Londres, qu'on s'étonne lorsqu'ils deviennent modérés, par exception, comme ils le sont maintenant vis-à-vis de l'Amérique, pour laquelle ils sont d'une souplesse et d'une résignation inconcevables, parce que cela leur convient. Si le roi de Naples faisait la dixième partie de ce que font les Américains, la presse anglaise éclaterait en menaces et en bravades.

La presse sarde, qui tâche de l'imiter pour se faire un mérite, s'expose souvent au ridicule. Que dirait en effet le Piemont si le roi de Naples ou le Pape lui demandaient compte de l'évêque exilé et des biens ecclésiastiques vendus au profit de l'État ?

Cette paix, qui a été reçue par tout le continent comme l'aurore d'une époque heureuse pour les peuples fatigués des révolutions et des sacrifices, las de vivre dans un état d'anxiété, de doute et de privation, cette paix qu'on a regardée avec raison comme l'œuvre de la sagacité et de l'à-propos de l'empereur des Français, secondé par les autres puissances, cette paix qui a témoigné de la sagesse du jeune czar, laisse dans l'imagination de certaines personnes faciles à s'alarmer une nouvelle anxiété, de nouveaux doutes, un champ très-vaste pour les conjectures et les craintes, à cause d'une épisode, qui ne regardait nullement l'objet de la guerre si heureusement terminée par le traité du 30 mars. D'après le langage tenu par quelques journaux qui, bon gré mal gré, exercent sur les esprits des hommes les plus sérieux et les plus décidés à ne pas y prêter foi, une certaine influence, on veut faire supposer que c'est pour éviter, prévenir, empêcher de nouveaux troubles, de nouvelles perturbations dans la Péninsule qu'on veut engager le Pape et d'autres princes italiens à faire des réformes. Quant au premier, il s'agirait d'introduire des

changements importants dans le Code et d'ôter à Rome et aux légations l'appui des forces étrangères. On veut engager le roi de Naples
à délivrer les prisonniers politiques, même ceux qui ne consentent
pas à demander leur liberté après avoir été condamnés à mort, puis
graciés par le roi.

La France, convaincue que les ministres d'un pays protestant
comme l'Angleterre, où l'Église est absorbée par l'État, où l'autorité
religieuse est subordonnée à l'autorité politique, où le clergé est resté
dans la dépendance où l'avaient placé Henri VIII et Élisabeth, ne
pourrait donner aucun conseil au chef de l'Église catholique, a cru
s'unir à l'Autriche pour réaliser le projet d'adresser certaines considérations qui pourraient être agréées par le Saint-Père. Ce qu'on ne
conçoit pas, c'est comment le Piémont, ayant abdiqué toutes les tra-
ditions de ses anciens ducs et rois, ayant changé, depuis 1848, l'attitude sociale et politique que lui avait donnée l'illustre maison de
Savoie, s'isolant du reste de l'Italie, comment il peut se donner la
mission de parler au nom des États de cette péninsule, dont il s'est
détaché par la nouvelle organisation de son gouvernement. Ce qu'on
a de la peine à comprendre, c'est que, tout en montrant le danger
auquel est exposé le royaume de Sardaigne, si les troupes autrichiennes restent dans les légations et à Parme, tout en voulant persuader que leur présence dans cette portion de l'Italie et que la conduite du roi des Deux-Siciles envers ses sujets prisonniers politiques,
exposent la Péninsule à de nouvelles révolutions, menace la tranquillité et le repos du Piémont, le ministère sarde n'offre pas d'autre
remède à ce danger que celui de faire sortir les troupes françaises
de l'Italie, sans même donner au Pape le temps d'organiser une force
armée suffisante pour garantir Rome et ses États des perturbations
révolutionnaires qui recommenceraient le lendemain du départ des
troupes tutélaires et protectrices. Mais qu'importe au ministère
sarde, si le Saint-Père, auquel depuis longtemps il fait la guerre,
était forcé de sortir de nouveau de Rome, si les Légations étaient de
nouveau en proie à des révoltes, ce qui aurait lieu infailliblement si
le gouvernement papal ne possède une force armée capable d'assurer
l'ordre. Lorsqu'on pourra être indépendant de tout secours étranger,
ce sera certes un bienfait immense pour le Saint-Siége, qui n'aurait
alors qu'à se méfier de la Sardaigne où des hostilités pourraient peut-

être naître. La France et l'Autriche, puissances éminemment catholiques, qui désirent soutenir le chef de l'Église, trouveront bien le moyen de le rendre indépendant sans faire tort à son pouvoir ni à la considération due à la sainteté de son caractère de la part de toutes les nations.

Il est difficile et presque impossible de comprendre à quel titre on voudrait se mêler des affaires de Naples. Qu'on interroge le peuple napolitain, qu'on lui demande s'il est heureux, il vous dira : Oui ; il ne pourra se rendre raison de toutes ces déclamations de commande contre son gouvernement, dont les gens paisibles et tranquilles sont bien loin de se plaindre. Il ne pourra jamais comprendre que le but des mensonges débités par certains journaux anglais est celui de révolutionner l'Italie, d'insurger les peuples contre leur roi. Déclamer et accuser n'est pas prouver, et même, si on parvenait à montrer par des faits irrévocables une certaine irrégularité dans la marche d'un État, quelque anomalie dans la conduite des employés, quelque mesure qu'on pourrait reprocher à tel ou tel gouvernement, reste à savoir à quel titre une puissance quelconque, mettant de côté le droit public des nations, peut assumer le droit de contrôler l'administration d'un gouvernement étranger, sans accorder la liberté de réciprocité. A quel titre voudrait-on exercer une influence qui détruirait l'indépendance d'un État qu'on prétend vouloir scrupuleusement respecter ? Est-ce pour prévenir les perturbations sociales ? L'expérience a assez prouvé le contraire. Quel gouvernement pouvait se vanter d'être plus libéral et plus constitutionnel que celui de la France en 1848 ? Le libéralisme et le *constitutionnellisme* dont elle jouissait alors ont-ils prévenu, empêché, retardé la révolution du 24 février ? Quel prince avait fait plus de concessions, plus de réformes que le pape Pie IX en 1846 et en 1849 ? Ces réformes, ces concessions ont-elles sauvé Rome du triomphe des révolutionnaires ? le Pape des menaces qui l'ont forcé à s'exiler à Gaëte ?.... Tirons un voile sur cette époque de réformes qui n'a été pour l'Italie qu'un drame sanglant, dont les plaies à peine cicatrisées avertissent les gouvernements forts et sages de ne pas essayer de les rouvrir dans l'espoir de les guérir... Et vous, vous qui voulez le repos et la tranquillité de l'Italie, ne conseillez pas le retour aux temps où toutes les passions étaient déchaînées, tout l'ordre social bouleversé, toutes les classes de citoyens vivant dans la crainte et dans l'anxiété, où les rois étaient menacés à chaque instant de descendre de leur trône?

Qu'était le Piémont dans ce temps-là? Son roi s'était sauvé en terre étrangère, couvert de honte par une paix qu'il devait à la générosité des Autrichiens, laissant à son fils le fardeau d'une couronne qu'il ne pouvait plus porter et à ses ministres l'humiliation d'un gouvernement qui ne pouvait plus se maintenir avec l'ordre nécessaire à un État miné par les secousses populaires. Cet État d'abjection et de souffrance dura jusqu'à ce que l'Angleterre fit un appel au Piémont pour avoir des troupes et compléter son armée en Crimée, dans la conviction que les Piémontais, ou, pour mieux dire, leur gouvernement, auraient saisi cette occasion pour se faire une gloire et compter parmi les nations..... Mais à quoi bon nous fixer à de tels raisonnements?

Quels sont, quels seront les avantages positifs qui sortiront de cette lutte à laquelle nous dûmes la paix? *La paix!....* mot sorti de la bouche du Christ, mot qui console l'humanité! et qui pourtant est en contradiction avec cette agitation qui engendre les maladies morales, qui nous donne l'ambition, la vanité, le désir d'être ou le plus fort, ou le plus intelligent, ou le plus admiré, ou le plus riche; cette agitation fiévreuse qu'on aime à entretenir et qui est devenue une condition de la société de nos jours. Les gouvernements, bon gré mal gré, se voient forcés de caresser ce mouvement incessant qui nous porte à l'*insatiabilité! Insatiabilité* pour les découvertes, *insatiabilité* dans les jouissances, dans l'avidité des richesses. On voudrait tout inventer, tout posséder, jouir de tout pour qu'il ne reste rien à désirer; *insatiabilité* qui conduit l'homme à dévorer le temps, à hâter sa fin, à son véritable suicide.

FIN.

Paris. — Imprimerie de POMMERET et MOREAU, 17, quai des Augustins.

www.ingramcontent.com/pod-product-compliance
Lightning Source LLC
LaVergne TN
LVHW050321030726
842520LV00005B/1716